JOURNEY TO THE WEST

《西游记》

四大名著

中国文学史上的重要著作

QING QING JIANG

江清清

PREFACE

I hope you have been enjoying learning Mandarin Chinese. Now it's time to learn about Chinese literature.

I'm more than glad to bring you to the Chinese Literature series. In this series, I'll introduce you to some of the most important novels of Chinese literature (中国文学史上的重要著作), including the Four Great Classical Novels (中国古典四大名著). These literary masterpieces are extremely popular in China and around the world.

The books in Chinese Literature series contain numerous lessons in Mandarin Chinese. We start with a brief introduction of the book in the preface (前言) in Chinese and pinyin, a bit detailed introduction to the treatise/novel (in English), and continue to dig the corresponding masterpiece in different chapters. Each book contains 7 to 10 chapters made of simple Chinese sentences. For the readers' convenience, a comprehensive vocabulary has been provided at the beginning of each chapter. The pinyin for the Chinese text is provided after the main text. Further, to enforce a deeper Chinese learning, the English interpretation of the Chinese text has been deliberately excluded from the books. This would help the readers think deeply about the contents the way native Chinese do! In order to help the students of Mandarin Chinese remember important characters, words, long words, idioms, etc., these entities have been purposely repeated throughout the book, and across the books in the series. Taken together, the books in Chinese Literature series will tremendously help readers improve their Chinese, especially the reading skills.

If you have any questions, suggestions, and feedbacks, feel free to let me know in the review or comments.

You can find more about China and Chinese culture on my blog and Amazon homepage.

I blog at: www.QuoraChinese.com

-Qing Qing 江清清

©2023 Qing Qing Jiang

All rights reserved.

CHINESE LITERATURE

SELF-LEARN READING

MANDARIN CHINESE, VOCABULARY,

EASY SENTENCES,

HSK ALL LEVELS

(PINYIN, SIMPLIFIED CHARACTERS)

ACKNOWLEDGMENTS

I am a blogger. It has been a long and interesting journey since I started blogging quite a few years ago.

The blogging passion enabled me to write useful contents. In particular, I have been writing about China, and its culture.

My passion in writing was supported by my friends, colleagues, and most importantly, the almighty.

I thank everyone for constantly inspiring me in my life endeavours.

CONTENTS

PREFACE 2
ACKNOWLEDGMENTS 4
CONTENTS 5
INTRODUCTION TO JOURNEY TO THE WEST (西游记的简介) 8
CENTRAL IDEA (概述) 11
TANG MONK'S STORY (唐僧的故事) 13
BRING THE MONKEY KING UNDER CONTROL (收服孙悟空) 19
BRING ZHU BAJIE UNDER CONTROL (收服猪八戒) 22
BRING SHA WUJING UNDER CONTROL (收服沙僧) 32
GRAND FINALE OF THE STORY (故事的结局) 40

前言

在中国，《西游记》是一部耳熟能详的文学著作，男女老少皆知。你们可能会觉得奇怪，既然是文学著作，那应该比较难懂吧。是的没错，《西游记》原著一共有一百二十章，如果要一章一章来看，不知道要读多久才能读完，更别说读懂了。作为一部文学著作，它的每一个文字都值得推敲，那它是怎样一步一步步入寻常百姓家的呢？故事要从《西游记》的改编说起，在上个世纪八十年代，《西游记》被拍成了电视剧，从此一炮而红，剧中的唐僧的耿直善良，孙悟空的桀骜不驯，猪八戒的好吃懒做，沙僧的勤勤恳恳，每一个人物形象都深入人心，受到男女老少的喜爱。总的来说，《西游记》讲的就是师徒四人历经九九八十一难最终取得真经的传奇历险故事。

Zài zhōngguó, "xīyóu jì" shì yībù ěrshúnéngxiáng de wénxué zhùzuò, nánnǚ lǎoshào jiē zhī. Nǐmen kěnéng huì juédé qíguài, jìrán shì wénxué zhùzuò, nà yīnggāi bǐjiào nán dǒng ba. Shì de méi cuò, "xīyóu jì" yuánzhù yīgòng yǒu yībǎi èrshí zhāng, rúguǒ yào yī zhāng yī zhāng lái kàn, bù zhīdào yào dú duōjiǔ cáinéng dú wán, gèng bié shuō dú dǒngle. Zuòwéi yībù wénxué zhùzuò, tā de měi yīgè wénzì dōu zhídé tuīqiāo, nà tā shì zěnyàng yī bù yī bù bù rù xúncháng bǎixìng jiā de ne? Gùshì yào cóng "xīyóu jì" de gǎibiān shuō qǐ, zài shàng gè shìjì bāshí niándài, "xīyóu jì" bèi pāi chéngle diànshìjù, cóngcǐ yī pào ér hóng, jù zhōng de tángsēng de gěngzhí shànliáng, sūnwùkōng de jié'ào bù xùn, zhūbājiè de hàochīlǎnzuò, shā sēng de qín qínkěn kěn, měi yīgè rénwù xíngxiàng dōu shēnrù rénxīn, shòudào nánnǚ lǎoshào de xǐ'ài. Zǒng de lái shuō, "xīyóu jì" jiǎng de jiùshì shī tú sì rén lìjīng jiǔjiǔbāshíyī nán zuìzhōng qǔdé zhēn jīng de chuánqí lìxiǎn gùshì.

INTRODUCTION TO JOURNEY TO THE WEST (西游记的简介)

Journey to the West《西游记》is one of the Four Great Classical Chinese Novels (中国古典四大名著之一). The novel is the first romantic novel of ancient China written in Zhang Hui Ti (章回体) style, a kind of writing divided into chapters where each chapter is headed (titled by) a few words (title), providing the gist of the corresponding chapter.

The novel has 100 chapters (100 章) and about 870,000 characters (字).

None of the existing 100 chapters of "Journey to the West" published in the Ming Dynasty (明朝, 1368-1644) have the author's signature. However, many prominent scholars, after conducting numerous researches, such as studying the "Huai'an Mansion Chronicle"《淮安府志》, concluded that Wu Cheng'en (吴承恩, about 1500-1582), a native of Huai'an (淮安) -- located in the modern Jiangsu province, was the author of the novel Journey to the West.

The whole novel mainly describes that after the monkey king Sun Wukong (孙悟空) was born and wrecked a big havoc in the Heavenly Palace (天宫), he was sent to the earth where he met Tang Monk (唐僧/玄奘), Zhu Bajie (猪八戒) - Pigsy, Sha Wujing (沙悟净/沙僧), and the White Dragon Horse (白龙马). Together, they went westward to the Western Heaven (西天, India) to bring the Buddhist scriptures (取经). The journey was full of roller-coaster as they met numerous demons and challenges along the way. Finally, they met the Lord Buddha and brought the scriptures.

The novel is based on the historical event of the journey of the Tang Dynasty monk Xuanzang (玄奘, 602-664) who spent nearly two decades travelling to and from India to bring the scriptures. In the year 627, during the reign of Emperor Taizong of Tang Dynasty (唐太宗, 598/599-649, reigned 626-649), the 25-year-old monk Xuanzang traveled to bring the Buddhist scriptures to correct the misconceptions prevalent in the Chinese Buddhism. After he set off from Chang'an (长安) -- the Tang Dynasty capital, he passed through Central Asia, Afghanistan, and Pakistan, and finally reached India. He went through tremendous hardships and obstacles before arriving in India. He studied there for more than two years, and was acclaimed as a lecturer at a large Buddhist scripture debate. In the year 645, Xuanzang returned to Chang'an and brought back 657 Buddhist scriptures, which caused a sensation in the Tang Empire. Later, Xuanzang narrated his experiences of traveling westward, which was compiled into 12 volumes of "The History of the Western Regions of the Tang Dynasty" 《大唐西域记》 by his disciple Bian Ji (辩机, 619-649). However, this treatise mainly tells about the history, geography, and transportation of the countries along the road to India, and there is nothing romantic or fictional story in it.

Later, many scholars added a lot of mythological features to Xuanzang's experience and wrote several articles. From then on, the story of Tang monk bringing the scriptures to China began to be widely circulated among the Chinese people. On a similar tone, Wu Cheng'en, the author of the novel Journey to the West, added numerous mythological features in the novel. Nonetheless, the novel deeply depicts the social life of the people in the Ming Dynasty.

In fact, Journey to the West is a classic of Chinese mythical novels, reaching the pinnacle of ancient romantic novels. Together, the Romance of the Three Kingdoms《三国演义》, the Outlaws of the Marsh《水浒传》, and a Dream of Red Mansions《红楼梦》are known as the four famous Chinese classics.

As such, Journey to the West has been widely circulated among the people since its inception, and various versions have emerged one after another. In particular, there are six kinds of Ming Dynasty editions, seven kinds of Qing Dynasty (清朝, 1636-1912) editions and manuscripts, and thirteen kinds of lost editions recorded in the classics.

After the Opium War (鸦片战争), a large number of Chinese classical literary works were translated into Western languages. Journey to the West was also translated into various languages, such as English, French, German, Italian, Spanish, sign language, and it was gradually introduced into Europe and the United States, and other parts of the world.

CENTRAL IDEA (概述)

1	西游记	Xīyóujì	Journey to the West
2	唐僧	Tángsēng	Tang Monk; Monk Tang; Monk Xuanzang
3	师父	Shīfu	Master; master worker
4	其他人	Qítā rén	Others; other; the others
5	孙悟空	Sūnwù kōng	Sun Wukong, name of the monkey with supernatural powers in the novel Journey to the West
6	猪八戒	Zhū bā jiè	One of the chief characters in "Journey to the West" who was supposedly incarnated through the spirit of a pig, a symbol of man's cupidity
7	沙僧	Shā sēng	Sha Wujing; Monk Sha; Sandy
8	一路上	Yī lù shàng	All the way; throughout the journey
9	护送	Hùsòng	Escort; convoy
10	理应	Lǐyīng	Ought to; should
11	主角	Zhǔjiǎo	Leading role; lead; protagonist
12	作者	Zuòzhě	Author; writer
13	笔墨	Bǐmò	Pen and ink; words; articles; writing
14	游记	Yóu jì	Travel notes; travels
15	开篇	Kāipiān	Introductory song in a fiddle ballad
16	大闹天宫	Dà nào tiāngōng	Create a tremendous uproar
17	由此可见	Yóu cǐ kějiàn	Thus; hence; it follows that
18	地位	Dìwèi	Position; standing; place; status
19	每个人	Měi gèrén	Everyone; all round

| 20 | 鲜明 | Xiānmíng | Bright; clear-cut; distinct; distinctive |
| 21 | 让我们 | Ràng wǒmen | Let us; let's |

Chinese (中文)

有人说，《西游记》的主角是唐僧，因为唐僧是师父，其他人都听他指挥，孙悟空，猪八戒和沙僧一路上都护送他，所以主角理应是他。也有人说，《西游记》的主角是孙悟空，因为作者花了很多笔墨来写孙悟空，而且《西游记》的开篇便讲的是孙悟空大闹天宫，由此可见孙悟空的地位。

但是，我想说的是，在《西游记》当中，唐僧，孙悟空，猪八戒，沙僧他们都是主角，每个人都有自己鲜明的特征，都是其他人无法替代的，他们各自不同的形象都让我们记忆深刻。

Pinyin (拼音)

Yǒurén shuō, "xīyóu jì" de zhǔjiǎo shì tángsēng, yīnwèi tángsēng shì shīfu, qítā rén dōu tīng tā zhǐhuī, sūnwùkōng, zhūbājiè héshā sēng yī lùshàng dū hùsòng tā, suǒyǐ zhǔjiǎo lǐyīng shì tā. Yěyǒu rén shuō, "xīyóu jì" de zhǔjiǎo shì sūnwùkōng, yīnwèi zuòzhě huāle hěnduō bǐmò lái xiě sūnwùkōng, érqiě "xīyóu jì" de kāipiān biàn jiǎng de shì sūnwùkōng dà nào tiāngōng, yóu cǐ kějiàn sūnwùkōng dì dìwèi.

Dànshì, wǒ xiǎng shuō de shì, zài "xīyóu jì" dāngzhōng, tángsēng, sūnwùkōng, zhūbājiè, shā sēng tāmen dōu shì zhǔjiǎo, měi gèrén dōu yǒu zìjǐ xiānmíng de tèzhēng, dōu shì qítā rén wúfǎ tìdài de, tāmen gèzì bùtóng de xíngxiàng dōu ràng wǒmen jìyì shēnkè.

TANG MONK'S STORY (唐僧的故事)

1	想象	Xiǎng xiàng	Imagination; imagine; think; visualize
2	出来	Chūlái	Come out; emerge
3	故事	Gùshì	Story; tale; plot; old practice; routine
4	历史上	Lìshǐ shàng	Historically; in history
5	原型	Yuánxíng	Prototype; archetype
6	比如说	Bǐrú shuō	For example; For example; say; For instance
7	真实	Zhēnshí	True; real; authentic
8	被称为	Bèi chēng wèi	Known as; be known as; be called
9	佛教	Fójiào	Buddhism
10	刻苦钻研	Kèkǔ zuānyán	Study assiduously
11	挑灯	Tiǎodēng	Stir the wick
12	有心人	Yǒuxīnrén	A person with high aspirations and determination
13	天资	Tiānzī	Natural gift; talent; natural endowments; flair
14	聪慧	Cōnghuì	Bright; intelligent; clever; astute
15	皇帝	Huángdì	Emperor
16	游历	Yóulì	Travel for pleasure; travel; tour
17	走访	Zǒufǎng	Interview; have an interview with
18	贡献	Gòngxiàn	Contribute; dedicate; devote; contribution

19	不仅如此	Bùjǐn rúcǐ	Not only that; nor is this all
20	引进	Yǐnjìn	Import; introduce from elsewhere; recommend; draw into
21	宗教	Zōngjiào	Religion
22	文化交流	Wénhuà jiāoliú	Cultural exchange
23	可以说	Kěyǐ shuō	It is not too much to say; it is too much to say; so to speak
24	大使	Dàshǐ	Ambassador
25	如来	Rúlái	Buddha
26	西天	Xītiān	Western Heaven (ancient Chinese Buddhists' name for India); Western Paradise
27	取经	Qǔjīng	Go on a pilgrimage for Buddhist scriptures
28	宝物	Bǎowù	Treasure
29	袈裟	Jiāshā	Kasaya, a patchwork outer vestment worn by a Buddhist monk; cassock
30	权杖	Quán zhàng	Truncheon
31	白龙	Bái lóng	White dragon; white dragons
32	观音	Guānyīn	Guanyin
33	紧箍咒	Jǐngūzhòu	The Incantation of the Golden Hoop
34	很大	Hěn dà	Great; large
35	路上	Lùshàng	On the road
36	发挥	Fāhuī	Bring into play; give play to; give scope to; give free rein to
37	描述	Miáoshù	Describe; represent

38	当中	Dāng zhōng	In the middle
39	老实	Lǎoshí	Honest; frank
40	勤恳	Qínkěn	Diligent and conscientious; earnestly and assiduously
41	还可以	Hái kěyǐ	Not bad; passable; in addition
42	美男子	Měi nánzǐ	Handsome man; very good looking man
43	一个情节	Yīgè qíngjié	The three unities
44	师徒	Shī tú	Master and apprentice; teacher and pupil
45	在这里	Zài zhèlǐ	Here; Here it is; over here
46	美人	Měirén	Beautiful woman; beauty
47	吸引力	Xīyǐn lì	Attraction; affinity
48	女王	Nǚwáng	Queen
49	倾国倾城	Qīng guó qīngchéng	Beauty causes the fall of the states and cities
50	相貌	Xiàngmào	Facial features; looks; appearance
51	奈何	Nàihé	How; to no avail
52	英雄	Yīngxióng	Hero
53	做到	Zuò dào	Accomplish; achieve
54	看出	Kàn chū	Make out; perceive; find out; be aware of
55	足够	Zúgòu	Enough; ample; sufficient
56	英俊	Yīngjùn	Eminently talented; brilliant
57	青睐	Qīnglài	Favor; good graces
58	坚定的信念	Jiāndìng de xìnniàn	Conviction; Attic faith; strong faith
59	女色	Nǚ sè	Woman's charms

Chinese (中文)

首先来说一说唐僧，虽然《西游记》是一篇想象出来的故事，但是其中的一些人或事在历史上是能找得到原型的。就比如说唐僧，原型就是玄奘，历史上是真实存在过这个人的，是唐代的一位高僧，所以也被称为唐僧。

唐僧从小便显示出来对佛教文学的爱好，刻苦钻研，挑灯夜灯，终于皇天不负有心人，唐僧在佛教领域也是取得了很高的成就。正是因为唐僧天资聪慧，他也被皇帝派去周边国家游历，据统计，唐僧游历了十多年，走访了一百多个国家，对我国佛家文化的传播做出了巨大的贡献，不仅如此，唐僧还积极引进了其他国家的宗教文化，促进了与其他国家的文化交流，可以说是我国与其他各国的文化交流大使了。

而在《西游记》当中，唐僧则被如来佛祖派去西天取经，取经之路必定漫长而艰难，因此如来佛祖赐予了他三样宝物，第一样是袈裟，第二样是权杖，第三样是白龙马，还有后来观音赐予的紧箍咒，每一件宝物都对唐僧起到了很大的作用，在西天取经的路上都发挥了很大的作用。

在《西游记》的描述当中，除了老实勤恳之外，唐僧还可以说是一位美男子。为什么这么说呢？因为在《西游记》当中，有这么一个情节，师徒几人进入了美人国，在这里个个都是美人，猪八戒都被这些美人迷得走不动道了，想赖在这里不走了，可见美人的吸引力。而美人国的女王，那更加是倾国倾城，相貌也是一等一的好，却对唐僧动了心，奈何唐僧心里只有取经，心里根本就装不下其他东西，人们都说"英雄难过美人关"，但是唐僧却做到了，从中我们可以看出唐僧相貌足够英俊，才会赢得女王的青睐，也看出了唐僧有着坚定的信念，面对女色也不改初心。

Pinyin (拼音)

Shǒuxiān lái shuō yī shuō tángsēng, suīrán "xīyóu jì" shì yī piān xiǎngxiàng chūlái de gùshì, dànshì qízhōng de yīxiē rén huò shì zài lìshǐ shàng shì néng zhǎo dédào yuánxíng de. Jiù bǐrú shuō tángsēng, yuánxíng jiùshì xuán zàng, lìshǐ shàng shì zhēnshí cúnzàiguò zhège rén de, shì táng dài de yī wèi gāosēng, suǒyǐ yě bèi chēng wèi tángsēng.

Tángsēng cóngxiǎo biàn xiǎnshì chūlái duì fójiào wénxué de àihào, kèkǔ zuānyán, tiǎodēng yè dēng, zhōngyú huángtiān bù fù yǒuxīnrén, tángsēng zài fójiào lǐngyù yěshì qǔdéle hěn gāo de chéngjiù. Zhèng shì yīnwèi tángsēng tiānzī cōnghuì, tā yě bèi huángdì pài qù zhōubiān guójiā yóulì, jù tǒngjì, tángsēng yóulìle shí duō nián, zǒufǎngle yībǎi duō gèguójiā, duì wǒguó fó jiā wénhuà de chuánbò zuò chūle jùdà de gòngxiàn, bùjǐn rúcǐ, tángsēng hái jījí yǐnjìnle qítā guójiā de zōngjiào wénhuà, cùjìnle yǔ qítā guójiā de wénhuà jiāoliú, kěyǐ shuō shì wǒguó yǔ qítā gè guó de wénhuà jiāoliú dàshǐle.

Ér zài "xīyóu jì" dāngzhōng, tángsēng zé bèi rúlái fózǔ pài qù xītiān qǔjīng, qǔjīng zhī lù bìdìng màncháng ér jiānnán, yīncǐ rúlái fózǔ cìyǔle tā sān yàng bǎowù, dì yī yàng shì jiāshā, dì èr yàng shì quán zhàng, dì sān yàng shì bái lóngmǎ, hái yǒu hòulái guānyīn cìyǔ de jǐngūzhòu, měi yī jiàn bǎowù dōu duì tángsēng qǐ dàole hěn dà de zuòyòng, zài xītiān qǔjīng de lùshàng dū fāhuīle hěn dà de zuòyòng.

Zài "xīyóu jì" de miáoshù dāngzhōng, chúle lǎoshí qínkěn zhī wài, tángsēng hái kěyǐ shuō shì yī wèi měi nánzǐ. Wèishéme zhème shuō ne?

Yīnwèi zài "xīyóu jì" dāngzhōng, yǒu zhème yīgè qíngjié, shī tú jǐ rén jìnrùle měirén guó, zài zhèlǐ gè gè dōu shì měirén, zhūbājiè dōu bèi zhèxiē měirén mí dé zǒu bù dòng dàole, xiǎng lài zài zhèlǐ bù zǒule, kějiàn měirén de xīyǐn lì. Ér měirén guó de nǚwáng, nà gèngjiā shì qīng guó qīngchéng, xiàngmào yěshì yī děng yī de hǎo, què duì tángsēng dòngle xīn, nàihé tángsēng xīnlǐ zhǐyǒu qǔjīng, xīnlǐ gēnběn jiù zhuāng bùxià qítā dōngxī, rénmen dōu shuō "yīngxióng nánguò měirén guān", dànshì tángsēng què zuò dàole, cóngzhōng wǒmen kěyǐ kàn chū tángsēng xiàngmào zúgòu yīngjùn, cái huì yíngdé nǚwáng de qīnglài, yě kàn chūle tángsēng yǒuzhe jiāndìng de xìnniàn, miàn duì nǚ sè yě bù gǎi chūxīn.

BRING THE MONKEY KING UNDER CONTROL (收服孙悟空)

1	还要	Hái yào	Even/still more; still want to
2	猴子	Hóuzi	Monkey
3	说起	Shuō qǐ	Bring up; begin talking about; as for; with regard to
4	石头	Shítou	Rock
5	父母	Fùmǔ	Father and mother; parents
6	亲人	Qīnrén	One's parents, spouse, children, etc.; relative
7	好在	Hǎo zài	Fortunately; luckily
8	花果山	Huā guǒ shān	Mount Huaguo (in Lianyungang city of Jiangsu); Mountain of Flowers and Fruits
9	一群	Yīqún	A group; a crowd; a herd; a pack
10	嬉戏	Xīxì	Have fun; play; sport
11	打闹	Dǎ nào	Quarrel and fight noisily
12	胆子	Dǎnzi	Courage; nerve
13	什么事	Shénme shì	What's the matter?; no matter what
14	前头	Qián tou	At the head
15	自己的	Zìjǐ de	Self
16	威风	Wēifēng	Power and prestige
17	老大	Lǎodà	Old
18	好景不长	Hǎojǐng bù cháng	Good times don't last long.
19	大闹天宫	Dà nào tiāngōng	Create a tremendous uproar
20	如来	Rúlái	Buddha

21	五指山	Wǔzhǐshān	Wuzhi mountain
22	过去了	Guòqùle	Pass away; die
23	解救	Jiějiù	Save; rescue; deliver
24	从此以后	Cóngcǐ yǐhòu	From this moment on, henceforth
25	完全不	Wánquán bù	Deuce a bit; not... At all
26	人生	Rénshēng	Life
27	翻开	Fān kāi	Open; turn and open; tear up
28	篇章	Piānzhāng	Sections and chapters; literary piece; writings
29	在前面	Zài qiánmiàn	Farther on; fore
30	当中	Dāngzhōng	In the middle
31	不再	Bù zài	No longer; not any more
32	累赘	Léizhui	Burdensome; cumbersome

Chinese (中文)

故事还要从一只猴子说起，它就是孙悟空。这只猴子可不一般，他是从石头里蹦出来的，没有父母，也没有亲人。但是好在花果山还有一群猴子，孙悟空整日与他们为伴，嬉戏打闹。由于孙悟空胆子大，无论做什么事都冲在前头，在猴子当中也渐渐的树立起了自己的威风，慢慢的成为了猴子当中的老大。

但是好景不长，孙悟空由于大闹天宫被如来佛祖压在五指山下，不知不觉五百年就过去了，直到唐僧解救了孙悟空，从此以后，孙悟空便过上了和之前完全不一样的生活，从此，孙悟空的人生也翻开了新的篇章。关于孙悟空，在前面的孙悟空传当中，我们已经做了详细的介绍就不再累赘了，我们继续来说一说猪八戒和沙僧。

Pinyin (拼音)

Gùshì hái yào cóng yī zhǐ hóuzi shuō qǐ, tā jiùshì sūnwùkōng. Zhè zhǐ hóu zǐ kěbù yībān, tā shì cóng shítou lǐ bèng chūlái de, méiyǒu fùmǔ, yě méiyǒu qīnrén. Dànshì hǎo zài huā guǒ shān hái yǒu yīqún hóuzi, sūnwùkōng zhěng rì yǔ tāmen wèi bàn, xīxì dǎ nào. Yóuyú sūnwùkōng dǎnzi dà, wúlùn zuò shénme shì dōu chōng zài qiántou, zài hóuzi dāngzhōng yě jiànjiàn de shùlì qǐle zìjǐ de wēifēng, màn man de chéngwéile hóuzi dāngzhōng de lǎodà.

Dànshì hǎojǐng bù cháng, sūnwùkōng yóuyú dà nào tiāngōng bèi rúlái fózǔ yā zài wǔzhǐshān xià, bùzhī bù jué wǔbǎi nián jiù guòqùle, zhídào tángsēng jiějiùle sūnwùkōng, cóngcǐ yǐhòu, sūnwùkōng biànguò shàngle hé zhīqián wánquán bù yīyàng de shēnghuó, cóngcǐ, sūnwùkōng de rénshēng yě fān kāile xīn de piānzhāng. Guānyú sūnwùkōng, zài qiánmiàn de sūnwùkōng chuán dāngzhōng, wǒmen yǐjīng zuòle xiángxì de jièshào jiù bù zài léizhuile, wǒmen jìxù lái shuō yī shuō zhūbājiè héshā sēng.

BRING ZHU BAJIE UNDER CONTROL (收服猪八戒)

1	元帅	Yuánshuài	Marshal; supreme commander
2	好色	Hàosè	Lust for women; fond of women
3	冒犯	Màofàn	Give offence; offend; affront
4	嫦娥	Cháng'é	The goddess of the moon
5	下凡	Xiàfán	Descend to the world; come down to earth
6	没想到	Méi xiǎngdào	Have not expected or thought of
7	法术	Fǎshù	Magic arts
8	公子	Gōngzǐ	Son of a feudal prince or high official
9	招摇	Zhāoyáo	Act ostentatiously
10	前行	Qián xíng	Move on; proceed;
11	村子	Cūnzi	Village; hamlet
12	在路上	Zài lùshàng	On the road; on the way
13	正好	Zhènghǎo	Just in time; just right; just enough
14	碰到	Pèng dào	Meet; run into
15	书生	Shūshēng	Intellectual; scholar
16	行色匆匆	Xíng sè cōngcōng	Be in a hurry to depart; be in haste to start
17	急事	Jíshì	Urgent matter
18	打听	Dǎtīng	Ask about; inquire about; get a line on
19	太公	Tàigōng	Great-grandfather
20	出去	Chūqù	Go out; get out

21	去找	Qù zhǎo	Go for; look for; to call for
22	后生	Hòushēng	After-born
23	开心	Kāixīn	Feel happy; rejoice; joyful; be delighted
24	连忙	Liánmáng	Promptly; immediately; instantly; in a hurry
25	妖怪	Yāoguài	Monster; bogy; goblin; demon
26	囚禁	Qiújìn	Imprison; put in jail; put in prison; keep in captivity
27	入赘	Rùzhuì	Marry and live with one's bride's family; son-in-law by adoption
28	女婿	Nǚxù	Son-in-law
29	汉子	Hànzi	Man; fellow
30	相貌堂堂	Xiàngmào tángtáng	Be handsome and highly esteemed; have a majestic bearing
31	他们俩	Tāmen liǎ	They two; those two
32	成亲	Chéngqīn	Get married
33	原形毕露	Yuánxíng bìlù	Show oneself in one's true colors; be revealed in one's true colors
34	猪头	Zhūtóu	Pig's head
35	吓坏	Xià huài	Be terribly frightened
36	落荒而逃	Luòhuāng ér táo	Be defeated and flee
37	不愿意	Bù yuànyì	Reluctant; not willing
38	它自己	Tā zìjǐ	Itself
39	法力	Fǎlì	Supernatural power
40	知道了	Zhīdàole	Got it; roger; I see
41	气愤	Qìfèn	Indignant; furious; angry; with

			anger
42	一定会	Yīdìng huì	In for
43	计谋	Jìmóu	Scheme; stratagem; plot
44	设宴	Shè yàn	Give a banquet
45	潜入	Qiánrù	Slip into; sneak into; steal in; dive into
46	收服	Shōufú	Subdue; bring under control
47	一点也不	Yīdiǎn yě bù	For nuts; in no shape; none so; none too
48	钉耙	Dīngbà	Iron-toothed rake
49	神色	Shénsè	Expression; look
50	慌张	Huāng zhāng	Flurried; flustered; confused; trepidation
51	乱了阵脚	Luànle zhènjiǎo	Be thrown into confusion
52	大闹天宫	Dà nào tiāngōng	Create a tremendous uproar
53	小觑	Xiǎo qù	Look at with contempt
54	硬碰硬	Yìngpèng yìng	Confront the tough with toughness
55	自己的	Zìjǐ de	Self
56	一路上	Yī lùshàng	All the way; throughout the journey
57	幻化	Huànhuà	Magically change; die
58	丝毫没有	Sīháo méiyǒu	Not a shred of
59	老巢	Lǎocháo	Nest; den (of robbers)
60	毋庸置疑	Wúyōng zhìyí	Beyond all doubt; be undisputed
61	无意中	Wúyì zhōng	Accidentally; unexpectedly
62	取经	Qǔjīng	Go on a pilgrimage for

			Buddhist scriptures
63	观音菩萨	Guānyīn púsà	Avalokitesvara; Guanyin (a Bodhisattva)
64	想必	Xiǎngbì	Presumably; most probably
65	懒惰	Lǎnduò	Lazy; idle
66	游记	Yóujì	Travel notes; travels
67	人参	Rénshēn	Ginseng
68	怂恿	Sǒngyǒng	Instigate; incite; egg somebody on; abet
69	酿成大祸	Niàng chéng dà huò	Lead to disaster; breed disaster
70	什么时候	Shénme shíhòu	When; whenever
71	危急	Wéijí	Critical; in imminent danger
72	绝不	Jué bù	Absolutely not; definitely not; not in the least; never
73	躺着	Tǎngzhe	Be in a prostrate position
74	中国人	Zhōng guó rén	Chinese
75	代名词	Dài míng cí	Pronoun
76	不例外	Bù lìwài	No exception; be no exception; without exception
77	之内	Zhī nèi	In; within
78	奋力	Fènlì	Do all one can; spare no effort
79	并肩作战	Bìngjiān zuòzhàn	Fight shoulder to shoulder; fight side by side
80	比如说	Bǐrú shuō	For example; For example; say; For instance
81	琵琶	Pípá	Pipa, a plucked string instrument

82	蝎子	Xiēzi	Scorpion
83	勇敢	Yǒnggǎn	Brave; courageous; valiant; gallant
84	难得	Nándé	Hard to come by; rare
85	从来没有	Cónglái méiyǒu	Never
86	屈服	Qūfú	Surrender; yield; bow to; give away
87	投降	Tóuxiáng	Surrender; capitulate
88	有骨气	Yǒu gǔqì	Adhering to moral principles; have integrity
89	好吃懒做	Hàochī lǎnzuò	Be fond of eating and averse to work; be gluttonous and lazy; be lazy and fond of good food; be piggish
90	作战	Zuòzhàn	Fight; conduct operations; do battle; show
91	一面	Yīmiàn	One side
92	看待	Kàndài	Look upon; regard; treat

Chinese (中文)

猪八戒原本是天上的天蓬元帅，但是因为好色，冒犯了嫦娥姑娘，于是被贬下凡，但是没想到，投错了胎，下凡后变成了一只猪，还好他会法术，将自己变成了一位样貌英俊的公子，到处招摇照骗。

孙悟空和唐僧在前行的路上时，来到了一个叫做高老庄的村子里，在路上正好碰到了一位书生行色匆匆的往外走，仿佛发生了什么急事。

孙悟空便问他怎么了，打听才知道这人是高太公家里的书生，出去说是要去找降妖除魔的人。孙悟空让他不用找了，因为他会降妖除魔。那位书听后生开心极了，连忙便带他们回家了。

原来高太公的女儿被妖怪囚禁了，事情要从前段时间说起，高太公想找个入赘女婿来帮他打理家里的事务。正好来了个年轻汉子，自称姓猪，无父无母。几天相处下来，高太公见他勤劳能干，而且相貌堂堂，问了女儿的意见，女儿也觉得可以，便安排他们俩成亲了。本来是一件开心的事，但是谁知道，当天晚上，猪八戒因为喝了太多酒，原形毕露，变成了一个猪头猪脑的妖怪，这下可把大家吓坏了。客人都落荒而逃，但是猪八戒不愿意放高太公的女儿走，而且仗着它自己有法力，便把高太公的女儿囚禁在家里，高太公拿他是一点办法也没有。

孙悟空知道了后十分气愤，他向高太公保证，一定会将他的女儿安全的带回。孙悟空想出了一个计谋，他告诉高太公，高太公高兴极了，连忙设宴感谢孙悟空。晚上，孙悟空潜入高太公女儿的房间，变成高太公女儿的样子，坐在房间里，等待猪八戒的到来。

猪八戒进来后，他对猪八戒说："我爹找了人来收服你。"，没想到猪八戒一点也不害怕，并说到："我有九齿钉耙，还会三十六变，谁能捉得了我？"但是听到是孙悟空后，猪八戒神色慌张，突然乱了阵脚。孙悟空大闹天宫的事情可是众人皆知，他也知道孙悟空的实力不容小觑，想着这下碰上硬茬了，硬碰硬肯定行不通，于是想使阴招把高太公的女儿带回自己的老窝。

一路上，猪八戒背着幻化成高小姐的孙悟空，丝毫没有察觉到背上的高小姐已经是假的了。快到老巢的时候，孙悟空现出原形，和猪八戒大战了一回。结果毋庸置疑，猪八戒输的很惨。

无意中听说孙悟空是护送唐僧西天取经的时候，猪八戒你连忙说道，观音菩萨让他在此等候一位取经人，想必说的就是唐僧了。于是唐僧收了猪八戒当做二徒弟，从此，取经队伍里又增加了一位成员。

猪八戒在西游记当中的形象就是好吃懒惰，看过西游记的人都知道，猪八戒特别能吃，偷吃人参果就是猪八戒怂恿的孙悟空，最后酿成大祸。而且无论在什么时候，哪怕是情况危急的时候，猪八戒总是能偷一点懒是一点懒，能坐着绝不站着，能躺着绝不坐着。确实，在中国人的认知理念当中，猪即是懒惰的代名词，猪八戒也不例外。

但是值得一说的是，猪八戒虽然懒惰，但是在危急的时刻还是能帮上忙的，每次有妖怪出现，只要是在能力范围之内，猪八戒都会奋力一搏，和孙悟空并肩作战，比如说智斗红孩儿，琵琶洞打蝎子精等等，猪八戒作战还是十分勇敢的。

还有一点最为难得的是，猪八戒虽然很多次都被妖怪抓走，但是他从来没有屈服，没有投降过，还是很有骨气的。所以说猪八戒在整个团队中也是起到一个很重要的作用，尽管他好吃懒做的形象十分突出，但是我们也不能忽略他作战勇敢的一面，必须得全面的看待猪八戒。

Pinyin (拼音)

Zhūbājiè yuánběn shì tiānshàng de tiān péng yuánshuài, dànshì yīnwèi hàosè, màofànle cháng'é gūniáng, yúshì bèi biǎn xiàfán, dànshì méi xiǎngdào, tóu cuòle tāi, xiàfán hòu biàn chéngle yī zhǐ zhū, hái hǎo tā huì fǎshù, jiāng zìjǐ biàn chéngle yī wèi yàng mào yīngjùn de gōngzǐ, dàochù zhāoyáo zhào piàn.

Sūnwùkōng hé tángsēng zài qián xíng de lùshàng shí, lái dàole yīgè jiàozuò gāo lǎo zhuāng de cūnzi lǐ, zài lùshàng zhènghǎo pèng dàole yī wèi shūshēng xíng sè cōngcōng de wǎngwài zǒu, fǎngfú fāshēngle shénme jíshì.

Sūnwùkōng biàn wèn tā zěnmeliǎo, dǎtīng cái zhīdào zhè rén shì gāo tàigōng jiālǐ de shūshēng, chūqù shuō shì yào qù zhǎo jiàng yāo chú mó de rén. Sūnwùkōng ràng tā bùyòng zhǎole, yīnwèi tā huì jiàng yāo chú mó. Nà wèi shū tīng hòushēng kāixīn jíle, liánmáng biàn dài tāmen huí jiāle.

Yuánlái gāo tàigōng de nǚ'ér bèi yāoguài qiújìnle, shìqíng yào cóng qiánduàn shíjiān shuō qǐ, gāo tàigōng xiǎng zhǎo gè rùzhuì nǚxù lái bāng tā dǎ lǐ jiālǐ de shìwù. Zhènghǎo láile gè niánqīng hànzi, zìchēng xìng zhū, wú fù wú mǔ. Jǐ tiān xiàng chǔ xiàlái, gāo tàigōng jiàn tā qínláo nénggàn, érqiě xiàngmào tángtáng, wènle nǚ'ér de yìjiàn, nǚ'ér yě juédé kěyǐ, biàn ānpái tāmen liǎ chéngqīnle. Běnlái shì yī jiàn kāixīn de shì, dànshì shéi zhīdào, dàngtiān wǎnshàng, zhūbājiè yīnwèi hēle tài duō jiǔ, yuánxíng bìlù, biàn chéngle yīgè zhūtóu zhū nǎo de yāoguài, zhè xià kě bǎ dàjiā xià huàile. Kèrén dōu luòhuāng ér táo, dànshì zhūbājiè bù yuànyì fàng gāo tàigōng de nǚ'ér zǒu, érqiě zhàngzhe tā zìjǐ yǒu fǎlì, biàn bǎ gāo tàigōng de nǚ'ér qiújìn zài jiālǐ, gāo tàigōng ná tā shì yīdiǎn bànfǎ yě méiyǒu.

Sūnwùkōng zhīdàole hòu shífēn qìfèn, tā xiàng gāo tàigōng bǎozhèng, yīdìng huì jiāng tā de nǚ'ér ānquán de dài huí. Sūnwùkōng xiǎng chūle yīgè jìmóu, tā gàosù gāo tàigōng, gāo tàigōng gāoxìng jíle, liánmáng shè yàn gǎnxiè sūnwùkōng. Wǎnshàng, sūnwùkōng qiánrù gāo tàigōng nǚ'ér de fángjiān, biàn chéng gāo tàigōng nǚ'ér de yàngzi, zuò zài fángjiān lǐ, děngdài zhūbājiè de dàolái.

Zhūbājiè jìnlái hòu, tā duì zhūbājiè shuō:"Wǒ diē zhǎole rén lái shōufú nǐ.", Méi xiǎngdào zhūbājiè yīdiǎn yě bù hàipà, bìng shuō dào:"Wǒ yǒu jiǔ chǐ dīngbà, hái huì sānshíliù biàn, shéi néng zhuō déliǎo wǒ?" Dànshì tīng dào shì sūnwùkōng hòu, zhūbājiè shénsè huāngzhāng, túrán luànle zhènjiǎo. Sūnwùkōng dà nào tiāngōng de shìqíng kěshì zhòngrén jiē zhī, tā yě zhīdào sūnwùkōng de shílì bùróng xiǎo qù, xiǎngzhe zhè xià pèng shàng yìng chále, yìngpèngyìng kěndìng xíng bùtōng, yúshì xiǎng shǐ yīn zhāo bǎ gāo tàigōng de nǚ'ér dài huí zìjǐ de lǎowō.

Yī lùshàng, zhūbājiè bèizhe huànhuà chéng gāo xiǎojiě de sūnwùkōng, sīháo méiyǒu chájué dào bèi shàng de gāo xiǎojiě yǐjīng shì jiǎ dele. Kuài dào lǎocháo de shíhòu, sūnwùkōng xiàn chū yuánxíng, hé zhūbājiè dàzhànle yī huí. Jiéguǒ wúyōng zhìyí, zhūbājiè shū de hěn cǎn.

Wúyì zhòng tīng shuō sūnwùkōng shì hùsòng tángsēng xītiān qǔjīng de shíhòu, zhūbājiè nǐ liánmáng shuōdao, guānyīn púsà ràng tā zài cǐ děnghòu yī wèi qǔjīng rén, xiǎngbì shuō de jiùshì tángsēngle. Yúshì tángsēng shōule zhūbājiè dàngzuò èr túdì, cóngcǐ, qǔjīng duìwǔ lǐ yòu zēngjiāle yī wèi chéngyuán.

Zhūbājiè zài xīyóu jì dāngzhōng de xíngxiàng jiùshì hào chī lǎnduò, kànguò xīyóu jì de rén dōu zhīdào, zhūbājiè tèbié néng chī, tōu chī rénshēnguǒ jiùshì zhūbājiè sǒngyǒng de sūnwùkōng, zuìhòu niàng chéng dà huò. Érqiě wúlùn zài shénme shíhòu, nǎpà shì qíngkuàng wéijí de shíhòu, zhūbājiè zǒng shì néng tōu yīdiǎn lǎn shì yīdiǎn lǎn, néng zuòzhe jué bù zhànzhe, néng tǎngzhe jué bù zuòzhe. Quèshí, zài zhōngguó rén de rèn zhī lǐniàn dāngzhōng, zhū jí shì lǎnduò de dàimíngcí, zhūbājiè yě bù lìwài.

Dànshì zhídé yī shuō de shì, zhūbājiè suīrán lǎnduò, dànshì zài wéijí de shíkè háishì néng bāng shàng máng de, měi cì yǒu yāoguài chūxiàn, zhǐyào shi zài nénglì fànwéi zhī nèi, zhūbājiè dūhuì fènlì yī bó, hé sūnwùkōng bìngjiān zuòzhàn, bǐrú shuō zhì dòu hóng hái'ér, pípá dòng dǎ xiēzi jīng děng děng, zhūbājiè zuòzhàn háishì shífēn yǒnggǎn de.

Hái yǒu yīdiǎn zuìwéi nándé de shì, zhūbājiè suīrán hěnduō cì dōu bèi yāoguài zhuā zǒu, dànshì tā cónglái méiyǒu qūfú, méiyǒu tóuxiángguò, háishì hěn yǒu gǔqì de. Suǒyǐ shuō zhūbājiè zài zhěnggè tuánduì zhōng yěshì qǐ dào yīgè hěn zhòngyào de zuòyòng, jǐnguǎn tā hàochīlǎnzuò de xíngxiàng shífēn túchū, dànshì wǒmen yě bùnéng hūlüè tā zuòzhàn yǒnggǎn de yīmiàn, bìxū dé quánmiàn de kàndài zhūbājiè.

BRING SHA WUJING UNDER CONTROL (收服沙僧)

1	天庭	Tiāntíng	The middle of the forehead
2	大将	Dàjiàng	Senior general
3	失手	Shīshǒu	Accidentally drop
4	宝物	Bǎowù	Treasure
5	下凡	Xiàfán	Descend to the world; come down to earth
6	盘踞	Pánjù	Illegally or forcibly occupy; be entrenched; settle in
7	方圆	Fāngyuán	Circumference
8	湍急	Tuānjí	Rapid; torrential
9	蹊跷	Qīqiāo	Odd; queer; fishy; strange
10	岸边	Àn biān	Shore side
11	妖怪	Yāoguài	Monster; bogy; goblin; demon
12	连忙	Liánmáng	Promptly; immediately; instantly; in a hurry
13	一头栽进	Yītóu zāi jìn	Throw oneself into
14	水中	Shuǐ zhōng	Aquatic; water
15	极好	Jí hǎo	Excellent; extremely good
16	自己的	Zìjǐ de	Self
17	如鱼得水	Rúyú déshuǐ	Feel just like a fish in water; as if the fish had got into the water again
18	回合	Huíhé	Round; bout
19	下来	Xiàlái	Come down; come from a higher place; go among the masses
20	对手	Duìshǒu	Opponent; adversary; rival

21	湍急	Tuān jí	Rapid; torrential
22	过河	Guò hé	Cross a river
23	战胜	Zhànshèng	Defeat; triumph over; vanquish; overcome
24	无可奈何	Wúkě nàihé	Feel helpless
25	下水	Xiàshuǐ	Enter the water; be launched
26	回合	Huíhé	Round; bout
27	上岸	Shàng'àn	Ashore; debarkation; land; go ashore
28	对付	Duìfù	Deal with; cope with; tackle
29	奈何	Nàihé	How; to no avail
30	死活	Sǐhuó	Life or death; fate
31	周旋	Zhōuxuán	Circle around; circling; rotating
32	没办法	Méi bànfǎ	No way out; have no choice but
33	想不到	Xiǎng bùdào	Unexpected
34	菩萨	Púsà	Bodhisattva
35	一五一十	Yīwǔyīshí	Relate in detail; count by fives and tens
36	取经	Qǔjīng	Go on a pilgrimage for Buddhist scriptures
37	疑惑	Yíhuò	Feel uncertain; not be convinced
38	观音	Guānyīn	Guanyin
39	突然	Túrán	Sudden; abrupt; unexpected; suddenly
40	过来	Guòlái	Come over; come up; can manage
41	难道	Nándào	Surely it doesn't mean that; could it be said that
42	师傅	Shīfù	Master worker

43	徒弟	Túdì	Apprentice; disciple; pupil
44	天上	Tiānshàng	The sky; the heavens
45	神仙	Shénxiān	Supernatural being; celestial being; immortal
46	王母娘娘	Wángmǔ niángniáng	The Queen Mother of the West
47	免于	Miǎn yú	Avoid; avert
48	拜见	Bàijiàn	Pay a formal visit; call to pay respects
49	僧人	Sēngrén	Buddhist monk
50	师兄	Shīxiōng	Senior fellow apprentice
51	感到羞愧	Gǎndào xiūkuì	Feel ashamed
52	参拜	Cānbài	Formally call on; pay a courtesy call
53	小分队	Xiǎo fēnduì	Detachment; small group; squad
54	新成员	Xīn chéngyuán	Newcomer
55	师徒	Shī tú	Master and apprentice; teacher and pupil
56	忠心耿耿	Zhōngxīn gěnggěng	Keep loyal to; be loyal and devoted
57	老好人	Lǎohǎorén	A person who never tries to offend anybody
58	桀骜不驯	Jié'ào bù xùn	Wild and intractable; arrogant and unyielding
59	叛逆	Pànnì	Rebel against; revolt against; rebel
60	好吃懒做	Hàochī lǎnzuò	Be fond of eating and averse to work; be gluttonous and lazy; be lazy and fond of good food;

			be piggish
61	默默	Mòmò	Quietly; silently; mute
62	吩咐	Fēnfù	Tell; instruct; instructions
63	任劳任怨	Rènláo rènyuàn	Bear hardship without complaint
64	怨言	Yuànyán	Complaint; grumble
65	师父	Shīfu	Master; master worker
66	吵架	Chǎojià	Quarrel; wrangle
67	他们的	Tāmen de	Their; theirs
68	和事佬	Hé shì lǎo	Peacemaker; mediator
69	全书	Quánshū	Whole book
70	笔墨	Bǐmò	Pen and ink; words; articles; writing
71	润滑剂	Rùnhuá jì	Lubricant; unguent; lube; emollient
72	战斗力	Zhàndòu lì	Combat effectiveness
73	打败	Dǎbài	Defeat; beat; worst
74	绰绰有余	Chuòchuò yǒuyú	More than sufficient; enough to spare
75	显摆	Xiǎnbai	Show off
76	炫耀	Xuànyào	Make a display of; show off; flaunt; make a show of oneself
77	默默地	Mòmò de	Silently; in silence; dumbly

Chinese (中文)

和猪八戒一样，沙僧原本也是天上的神仙，是天庭中的卷帘大将，但是因为失手打碎了宝物琉璃盏，被贬下凡，常年生活在流沙河当中，靠吃人为生，盘踞一方，方圆几里的百姓都深受其害。

唐僧几人经过此处时，意外的发现流沙河的水流特别湍急，大家都觉得很蹊跷。于是来到岸边想一探究竟，但是突然从水里跳出来一个妖怪，孙悟空和猪八戒连忙上前保护师父。八戒一头栽进水中，但是那妖怪水性极好，进入了自己的领域，更是如鱼得水，几个回合下来，八戒根本不是他的对手。

但是这条河十分湍急，又没有桥，要想过河就必须战胜这妖怪，八戒无可奈何，不得不再次下水，八戒和那妖怪在水里又大战了好几回合，八戒本来想把那妖怪骗上岸，让孙悟空来对付他，奈何那妖怪也是知道孙悟空的实力，死活不肯上岸，就在水里和猪八戒周旋，大家都拿他没办法。

孙悟空也实在是想不到办法了，并去找观音菩萨求助，孙悟空把事情的经过和观音菩萨一五一十的说了，观音菩萨听到后笑了笑，对孙悟空说道："你怎么不把你们西天取经的事跟他说呢？"孙悟空感到很疑惑："跟他说有什么用呢？"观音答道："这样的话，他就会和你们一起西天取经了呀。"孙悟空突然明白过来，"难道他是师傅的第三个徒弟吗？"观音笑了笑，把事实告诉孙悟空，原来这妖怪之前是天上的神仙，因为犯了错误，王母娘娘本来是要杀死他的，是观音替他求了情，他才免于死，被贬下凡。观音叫他在流沙河等待一个去西天取经的人。

观音同孙悟空来到流沙河，并对沙僧说："这就是你的师父，还不快拜见。"沙僧这才知道，原来岸上的这位僧人，便是他等待已久的师傅，跟他斗了这么几个回合的猪八戒还是他的师兄，沙僧感到羞愧极了，连忙跪下参拜师父。

唐僧还给他取了一个名字，叫做沙悟净。从此，西天取经的小分队里面又加入了一位新成员，师徒四人正式踏往西天取经的路途。

在《西游记》，沙僧的形象就是踏实能干，忠心耿耿，塑造的是一个"老好人"的形象。沙僧既不像孙悟空那样桀骜不驯，叛逆，也不像猪八戒那样好吃懒做，而是默默的为整个团队做贡献。每当写到沙僧，他不是在牵马，就是在背行李。每当吩咐给沙僧什么任务时，他总是任劳任怨，毫无怨言，师傅说什么他就做什么。师父和孙悟空吵架了，沙僧就当他们的和事佬。

虽然全书并没有花很多的笔墨描写沙僧，但是这个人物起到了至关重要的作用，他是师徒几人的润滑剂，由于沙僧的存在，减少了很多摩擦。沙僧的战斗力也没得说，虽然比不上孙悟空，但是打败妖怪还是绰绰有余的，但是沙僧从来不显摆，不炫耀，默默地为团队做贡献。

Pinyin (拼音)

Hé zhūbājiè yīyàng, shā sēng yuánběn yěshì tiānshàng de shénxiān, shì tiāntíng zhōng de juǎn lián dàjiàng, dànshì yīnwèi shīshǒu dǎ suìle bǎowù liúlí zhǎn, bèi biǎn xiàfán, chángnián shēnghuó zài liú shāhé dāngzhōng, kào chī rénwéi shēng, pánjù yīfāng, fāngyuán jǐ lǐ de bǎixìng dōu shēn shòu qí hài.

Tángsēng jǐ rén jīngguò cǐ chù shí, yìwài de fā xiàn liú shāhé de shuǐliú tèbié tuānjí, dàjiā dōu juédé hěn qīqiāo. Yúshì lái dào àn biān xiǎng yī tàn jiùjìng, dànshì túrán cóng shuǐ lǐ tiào chūlái yīgè yāoguài, sūnwùkōng hé zhūbājiè liánmáng shàng qián bǎohù shīfu. Bā jiè yītóu zāi jìn shuǐ zhōng, dànshì nà yāoguài shuǐxìng jí hǎo, jìnrùle zìjǐ de lǐngyù, gèng shì rúyúdéshuǐ, jǐ gè huíhé xiàlái, bā jiè gēnběn bùshì tā de duìshǒu.

Dànshì zhè tiáo hé shífēn tuānjí, yòu méiyǒu qiáo, yào xiǎngguò hé jiù bìxū zhànshèng zhè yāoguài, bā jiè wúkěnàihé, bùdé bù zàicì xiàshuǐ, bā jiè hé nà yāoguài zài shuǐ lǐ yòu dàzhànle hǎojǐ huíhé, bā jiè běnlái xiǎng bǎ nà yāoguài piànshàng'àn, ràng sūnwùkōng lái duìfù tā, nàihé nà yāoguài yěshì zhīdào sūnwùkōng de shílì, sǐhuó bù kěn shàng'àn, jiù zài shuǐ lǐ hé zhūbājiè zhōuxuán, dàjiā dōu ná tā méi bànfǎ.

Sūnwùkōng yě shízài shì xiǎngbùdào bànfǎle, bìng qù zhǎo guānyīn púsà qiúzhù, sūnwùkōng bǎ shìqíng de jīngguò hé guānyīn púsà yīwǔyīshí de shuōle, guānyīn púsà tīng dào hòu xiàole xiào, duì sūnwùkōng shuōdao:"Nǐ zěnme bù bǎ nǐmen xītiān qǔjīng de shì gēn tā shuō ne?" Sūnwùkōng gǎndào hěn yíhuò:"Gēn tā shuō yǒu shé me yòng ne?" Guānyīn dá dào:"Zhèyàng dehuà, tā jiù huì hé nǐmen yīqǐ xītiān qǔjīngle ya." Sūnwùkōng túrán míngbái guòlái,"nándào tā shì shīfù de dì sān gè túdì ma?" Guānyīn xiàole xiào, bǎ shìshí gàosù sūnwùkōng, yuánlái zhè yāoguài zhīqián shì tiānshàng de shénxiān, yīn wéi fànle cuòwù, wángmǔniángniáng běnlái shì yào shā sǐ tā de, shì guānyīn tì tā qiúle qíng, tā cái miǎn yú sǐ, bèi biǎn xiàfán. Guānyīn jiào tā zài liú shāhé děngdài yīgè qù xītiān qǔjīng de rén.

Guānyīn tóng sūnwùkōng lái dào liú shāhé, bìng duì shā sēng shuō:"Zhè jiùshì nǐ de shīfu, hái bùkuài bàijiàn." Shā sēng zhè cái zhīdào, yuánlái àn shàng de zhè wèi sēngrén, biàn shì tā děngdài yǐ jiǔ de shīfù, gēn tā dòule zhème jǐ gè huíhé de zhūbājiè háishì tā de shīxiōng, shā sēng gǎndào xiūkuì jíle, liánmáng guì xià cānbài shīfu.

Tángsēng hái gěi tā qǔle yīgè míngzì, jiàozuò shā wù jìng. Cóngcǐ, xītiān qǔjīng de xiǎo fēnduì lǐmiàn yòu jiārùle yī wèi xīn chéngyuán, shī tú sì rén zhèngshì tà wǎng xītiān qǔjīng de lùtú.

Zài "xīyóu jì", shā sēng de xíngxiàng jiùshì tàshí nénggàn, zhōngxīn gěnggěng, sùzào de shì yīgè "lǎohǎorén" de xíngxiàng. Shā sēng jì bù xiàng sūnwùkōng nàyàng jié'ào bù xùn, pànnì, yě bù xiàng zhūbājiè nàyàng hàochīlǎnzuò, ér shì mòmò de wèi zhěnggè tuánduì zuò gòngxiàn. Měi dāng xiě dào shā sēng, tā bùshì zài qiān mǎ, jiùshì zài bèi xínglǐ. Měi dāng fēnfù gěi shā sēng shénme rènwù shí, tā zǒng shì rènláorènyuàn, háo wú yuànyán, shīfù shuō shénme tā jiù zuò shénme. Shīfu hé sūnwùkōng chǎojiàle, shā sēng jiù dāng tāmen de hé shì lǎo.

Suīrán quánshū bìng méiyǒu huā hěnduō de bǐmò miáoxiě shā sēng, dànshì zhège rénwù qǐ dàole zhì guān zhòngyào de zuòyòng, tā shì shī tú jǐ rén de rùnhuá jì, yóuyú shā sēng de cúnzài, jiǎnshǎole hěnduō mócā. Shā sēng de zhàndòulì yě méi dé shuō, suīrán bǐ bù shàng sūnwùkōng, dànshì dǎbài yāoguài háishì chuòchuòyǒuyú de, dànshì shā sēng cónglái bu xiǎnbai, bù xuànyào, mòmò dì wéi tuánduì zuò gòngxiàn.

GRAND FINALE OF THE STORY (故事的结局)

1	师徒	Shī tú	Master and apprentice; teacher and pupil
2	磨难	Mónàn	Fire; tribulation; hardship; suffering
3	圣地	Shèngdì	The Holy Land
4	周折	Zhōuzhé	Twists and turns; setbacks; trouble
5	真经	Zhēn jīng	Practical/real knowledge
6	渡河	Dùhé	Cross a river
7	大唐	Dà táng	Tang dynasty
8	如来	Rúlái	Buddha
9	河神	Hé shén	River god
10	经卷	Jīng juǎn	Scrolls of Buddhist sutras(or scripture); volumes of classics
11	湿透	Shī tòu	Wet through; drenched; drench
12	没办法	Méi bànfǎ	No way out; have no choice but; be unable to find a way out; can't do anything about it
13	停下来	Tíng xiàlái	Stop; call to a halt; come to a halt; come to a stand
14	拿出来	Ná chūlái	Take out; hand out; bring out
15	送回	Sòng huí	Return; send back
16	正果	Zhèngguǒ	The spiritual state of an immortal reached by practicing Buddhism

Chinese (中文)

师徒几人历磨难，终于来到了灵山圣地，几经周折才拿到了真经。之后便想渡河返回东土大唐。可是九九八十一难还差一难，于是如来佛祖安排河神在他们渡河的时候，将他们推入河里。

虽然人都没事,但是经卷都湿透了。没办法,师徒几人只能停下来,把湿了的经卷拿出来晒。到此,九九八十一难满了,最终唐僧把取得的真经送回东土大唐,师徒几人也都修成正果。

Pinyin (拼音)

Shī tú jǐ rén lì mónàn, zhōngyú lái dàole língshān shèngdì, jǐjīng zhōuzhé cái ná dàole zhēn jīng. Zhīhòu biàn xiǎng dùhé fǎnhuí dōng tǔ dà táng. Kěshì jiǔjiǔbāshíyī nán hái chà yī nán, yúshì rúlái fózǔ ānpái hé shén zài tāmen dùhé de shíhòu, jiāng tāmen tuī rù hé lǐ.

Suīrán rén dōu méishì, dànshì jīng juǎn dōu shī tòule. Méi bànfǎ, shī tú jǐ rén zhǐ néng tíng xiàlái, bǎ shīle de jīng juǎn ná chūlái shài. Dào cǐ, jiǔjiǔbāshíyī nán mǎnle, zuìzhōng tángsēng bǎ qǔdé de zhēn jīng sòng huí dōng tǔ dà táng, shī tú jǐ rén yě dū xiūchéng zhèngguǒ.

www.QuoraChinese.com

www.ingramcontent.com/pod-product-compliance
Lightning Source LLC
LaVergne TN
LVHW062000070526
838199LV00060B/4220